這個時候怎麼辦？

1
日常生活

峯村良子 繪著　唐亞明、崔穎 譯

香港中文大學出版社

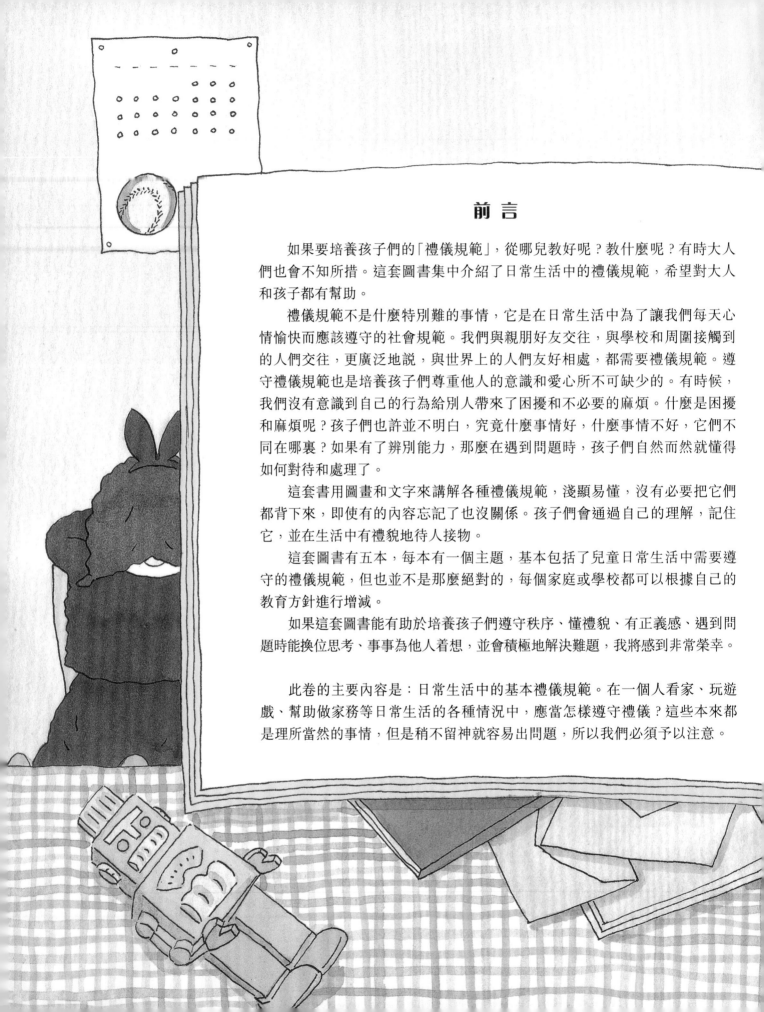

前 言

　　如果要培養孩子們的「禮儀規範」，從哪兒教好呢？教什麼呢？有時大人們也會不知所措。這套圖書集中介紹了日常生活中的禮儀規範，希望對大人和孩子都有幫助。

　　禮儀規範不是什麼特別難的事情，它是在日常生活中為了讓我們每天心情愉快而應該遵守的社會規範。我們與親朋好友交往，與學校和周圍接觸到的人們交往，更廣泛地說，與世界上的人們友好相處，都需要禮儀規範。遵守禮儀規範也是培養孩子們尊重他人的意識和愛心所不可缺少的。有時候，我們沒有意識到自己的行為給別人帶來了困擾和不必要的麻煩。什麼是困擾和麻煩呢？孩子們也許並不明白，究竟什麼事情好，什麼事情不好，它們不同在哪裏？如果有了辨別能力，那麼在遇到問題時，孩子們自然而然就懂得如何對待和處理了。

　　這套書用圖畫和文字來講解各種禮儀規範，淺顯易懂，沒有必要把它們都背下來，即使有的內容忘記了也沒關係。孩子們會通過自己的理解，記住它，並在生活中有禮貌地待人接物。

　　這套圖書有五本，每本有一個主題，基本包括了兒童日常生活中需要遵守的禮儀規範，但也並不是那麼絕對的，每個家庭或學校都可以根據自己的教育方針進行增減。

　　如果這套圖書能有助於培養孩子們遵守秩序、懂禮貌、有正義感、遇到問題時能換位思考、事事為他人着想，並會積極地解決難題，我將感到非常榮幸。

　　此卷的主要內容是：日常生活中的基本禮儀規範。在一個人看家、玩遊戲、幫助做家務等日常生活的各種情況中，應當怎樣遵守禮儀？這些本來都是理所當然的事情，但是稍不留神就容易出問題，所以我們必須予以注意。

目 錄

說話的方法

喂，喂

對方和別人說話時或忙的時候
不要插話

謝謝你借我書

太好了，我好感動

怎麼樣？

借了別人的東西或
別人幫助了自己
一定要說「謝謝」

啊，對不起！

做錯了事要道歉

NO！

不！

那我
不說了

討厭！

不對！

不行

只說別人不好的地方
或什麼都反對
會招人討厭的

是嗎？

是呀……

看着對方的眼睛說話
如回避對方的視線
難以向對方轉達自己的心情

哎！

哇哈哈

不要用手指對方
那樣會使對方不快

在他人認真說話時
大笑或開玩笑
會讓對方認為是在嘲笑自己

清晰、準確地
傳遞信息

清晰　明瞭　易懂！

用準確的用語表達自己的心情和想法
同時要認真聽取對方的意見

那……

小個子……！

不要評價對方的容貌和家庭等事情
因為那些不是對方能左右的

有這麼
大呢

對方認真說話
的時候
要仔細聽

哎呀！
糟糕……

老師
你聽
我的！

老師
您聽
我說吧

不要堵在路中間
聊天說話
那會給別人帶來不便
到路邊說吧

對老師和大人說話時注意用語
不能太隨便

7

電話、短訊

吃飯時打電話
會給對方或周圍的人
帶來麻煩
避開這個時間段

結束通話時
要等打電話的
一方先掛電話
自己先掛時
要輕放

說話清晰
聲音太小對方聽不清楚
會讓人感到疲憊

太晚了不給別人打電話
不沒完沒了地
長時間打電話

通話時間不要過長
簡明扼要
不知對方是在
什麼狀態下時
先問「現在說話
方便嗎？」

如果是騷擾電話
什麼也不用說就掛掉吧
對方不斷打來的話
就告訴父母
或通知電訊公司

上網課及視訊通話

在安靜又不打擾其他人的
環境下進行視訊

穿合適得體的衣物

穩定鏡頭

你打的
電話
號碼是？

接到打錯的電話時
問清對方要打的號碼
親切地告訴對方
「你打錯了。」

對不起
我打錯了

自己打錯電話時
道歉後再掛掉電話

我是……

對方不在
需要語音留言時
說清楚自己的
名字和事情

手機不能帶到學校

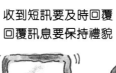

收到短訊要及時回覆
回覆訊息要保持禮貌

按時登入上課

大班上保持靜音
發問前先舉手

手機

在地鐵和公共汽車等
公共場所不要使用

嗯？

不要
在人前
大聲説話

打電話的方法

1 確認電話
號碼

2 電話接通時
先報自己的名字

3 ○○○在嗎？
對方的家人
接電話時
說清楚自己
要找的人

打給家裏人的電話

本人不在時……
你能告訴我電話號碼嗎？
我讓她給你打過去

說完將電話
轉給本人

是，
請稍等一下

家裏的人不在時，讓對方
知道只有孩子在家很危險
要注意！
「她正忙着呢……」

寫信、明信片

信的寫法

信是通過文字與人會面
所以開頭和結尾
要有問候語

信紙

你好 **A**　對方的名字

　　　　開頭寫問候語
　　　　你好！你最近身體好嗎？

是這樣…… **B**　正文

　　　　那件事啊……
　　　　（正文把想說的事按順序寫清楚）

再見 **C**　結束語
　　　　　　祝
　　　　　　安好！

　　　　　　　　　自己的名字
　　　　　　　　　寫上日期

　　　　　　　　　　　　1

超過兩張以上時標明頁數

明信片和信封的寫法

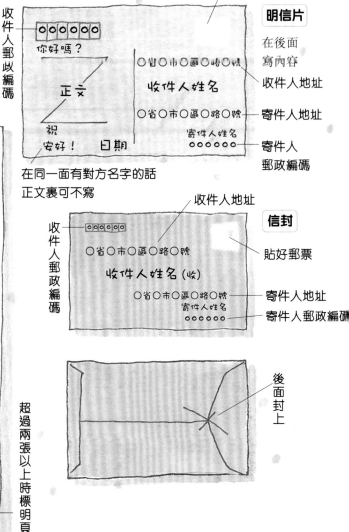

貼好郵票

明信片

在後面
寫內容

收件人郵政編碼

收件人地址

你好嗎？

○省○市○區○路○號

正文

收件人姓名

寄件人地址

祝
安好！　日期

○省○市○區○路○號

寄件人姓名

○○○○○

寄件人
郵政編碼

在同一面有對方名字的話
正文裏可不寫

收件人地址

信封

收件人郵政編碼

○省○市○區○路○號

貼好郵票

收件人姓名 (收)

○省○市○區○路○號

寄件人地址

寄件人姓名

○○○○○

寄件人郵政編碼

後面封上

對方的名字
開頭寫
問候語

大聲讀
就能感覺到
不對的地方

自己的地址

航空信要在醒目的地方
寫上「航空 AIR MAIL」

對方的名字

貼好郵票

寄往國外

朋友在國外
這種時候……

○國○省○市
○區○路○號

親愛的Yuki：

AIR MAIL

Mr YUKI TANAKA
20 Wheeler Ave,
New York

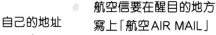

正文

祝
安好！
　　　滝山 香

自己的名字

住址從門牌號
開始寫

U.S.A.

國家名大寫
下面劃線

郵費

根據信封大小
和重量
價格有所不同
不明白時
去郵局寄

受到別人的照顧時

再來
啊……

爺爺,
我度過了
快樂
時光……

收到禮物後立即寫信
表示感謝

問候

○○
我病好
了……

生病時別人慰問
等病好了
要寫信表示感謝

啊,好久沒見了……

你好
嗎?

想起來就……

寫回信

收到信時很高興
可你寫回信了嗎?
寫信並不困難
馬上回信吧

還沒寫?

對方等着呢

啊……
我還要回信
好麻煩呀

謝謝
你的來信

_____
_____
_____
_____
_____

石川 南

對大人要用敬語
注意言辭
對朋友用平時
說話的語氣就行

○○
你好嗎?

_____
_____
_____

南

字寫得不好看的人
可用貼紙或畫畫
也很可愛

謝謝
你的信

我剪頭髮了
身體很好

南

字少也沒關係
寫清楚近況就行

這不是
很簡單嘛……

郵

寫錯的明信片
不能郵寄

啊,我搞錯了

寫反了

寫信的禮儀

不寫事後後悔的事	明信片上只寫誰都可以看的事	不隨便看別人的信件	不往信封裏放很厚的信
			不用訂書釘封信封

一天可以玩幾小時？

嗯……

規定玩的時間
（遵守時間）

不要離太近
視力下降
姿勢變壞
輻射對人體
也有不良影響

玩完後收拾好

啊，不好！

這個怎麼辦？

發呆

和別人在一起時
不要只沉浸在
自己的世界裏

嗷嗷——

夜晚和早晨
音量開太大
會影響別人

不要！
我要看
那個……

不要太任性
每個人都有自己想看的東西
看電視時要考慮別人的感受

電子遊戲的禮儀

還給我！

再給我
玩一會兒……

借的東西
要遵守
歸還時間

哼！

不要
粗暴地
使用別人
的東西

我不知道

砰！

自己的
東西
自己
整理好

不在黑暗的地方玩耍

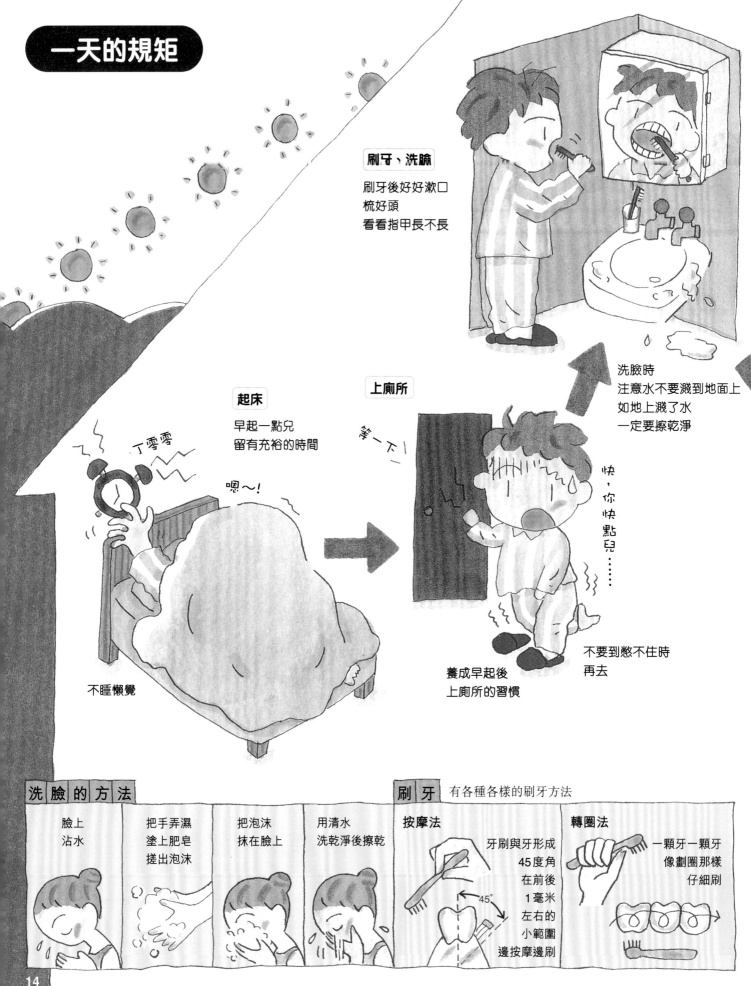

一天的規矩

刷牙、洗臉

刷牙後好好漱口
梳好頭
看看指甲長不長

洗臉時
注意水不要濺到地面上
如地上濺了水
一定要擦乾淨

起床

早起一點兒
留有充裕的時間

上廁所

丁零零

嗯～!

等一下

快，你快點兒……

不睡懶覺

不要到憋不住時
再去

養成早起後
上廁所的習慣

洗 臉 的 方 法

臉上沾水	把手弄濕塗上肥皂搓出泡沫	把泡沫抹在臉上	用清水洗乾淨後擦乾

刷 牙　有各種各樣的刷牙方法

按摩法

牙刷與牙形成
45度角
在前後
1毫米
左右的
小範圍
邊按摩邊刷

45°

轉圈法

一顆牙一顆牙
像畫圈那樣
仔細刷

早飯

一定要吃早飯
不管時間多緊張
也不要站着吃
或用手抓着吃

我吃了

確認

以防遺漏
請檢查需要帶的東西

我走了

換衣服

脫掉的衣服疊起來
集中放好

要遲到了！

上學

預留充裕的時間
早點兒出發

編辮子的方法

編好了

鞋帶的繫法

兩手拽住
圈的部分
一拉就行了

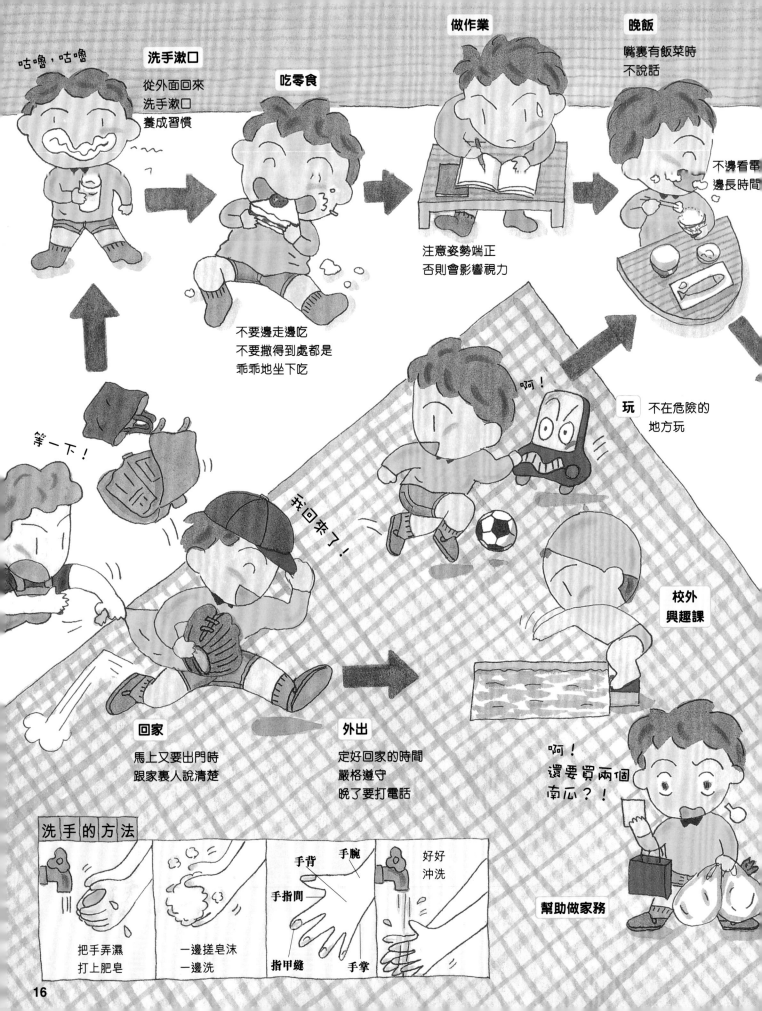

垃圾

玻璃瓶

鋁罐　金屬罐　報紙　雜誌　紙類　其它的是垃圾

可回收再利用的
東西和垃圾分開

垃圾
可回收垃圾分開放

膠瓶

還很漂亮的
玩具

沒用過的
本子

可再利用的東西

可回收的東西

NOTE

可拿到跳蚤市場或自由市場出售

自由市場

垃圾分為「可燃垃圾」、
「不可燃垃圾」、「有害垃圾」等
各個地區對垃圾分類有
不同的規定
遵守你所居住區域的規定

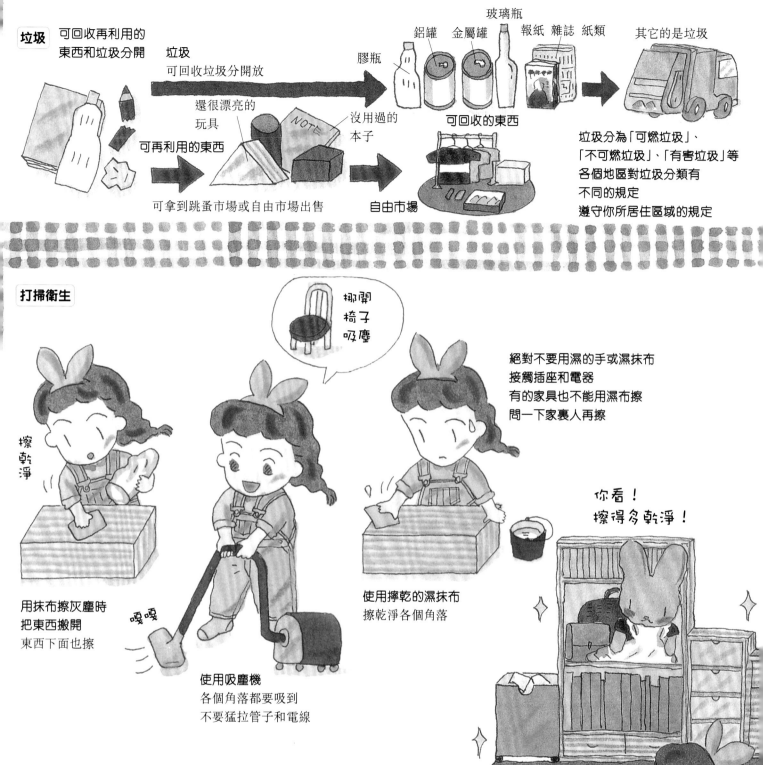

打掃衛生

挪開
椅子
吸塵

擦乾淨

用抹布擦灰塵時
把東西搬開
東西下面也擦

嘎嘎

使用吸塵機
各個角落都要吸到
不要猛拉管子和電線

絕對不要用濕的手或濕抹布
接觸插座和電器
有的家具也不能用濕布擦
問一下家裏人再擦

使用擰乾的濕抹布
擦乾淨各個角落

你看！
擦得多乾淨！

啊……
好舒服……

擰 抹 布 的 方 法		注意不要把水濺到地上，蹲下來擰不容易濺到四周。

把抹布豎起來　用力擰動手腕

洗衣服

毛毛！

外出時穿的衣服
回家後不要馬上
收起來
放在通風處
等汗乾後再收

襯衫和毛巾類
在下面揶平

砰！

襪子
一隻一隻晾曬
容易乾透

內褲和襪子一樣
夾着邊緣晾曬

從洗衣機裏拿出的
衣服先疊好
然後用手拍打
讓皺褶舒展開再晾

收襯衣和毛巾類時
按衣櫥的大小
疊放

洗衣服的基本知識

太髒的地方
用手洗

髒的
地方抹上
肥皂揉搓

淺色衣物和
深色衣物分開洗
精細織物放在網內洗

一次放太多進
洗衣機，衣服
不容易
洗乾淨

洗衣粉
不要放太多

洗滌標誌

有各種
標誌
先看清楚

不能擰　　乾洗　　可熨燙　　手洗　　中溫烘乾

衣服的疊法

T恤

叠好了

折叠的寬度按照抽屜的尺寸

襪子

放在
裏面

叠好了

放到裏面

叠好了

飯前準備和飯後收拾

**把飯菜依次
擺上桌子**

日本菜的
擺法

筷子

湯　　米飯

在這裏放菜

西餐的
擺法

餐刀　　叉子

碟（盤子）　　餐墊

收拾桌子

把同樣大小的碟子
摞在一起端
要扔的食物
集中在一個碟裏
放在其他碟的上面
方便扔進垃圾箱

洗餐具

不要放太多的洗滌劑
不要一直開着水龍頭
注意節約用水

收拾碗筷

小心輕輕放回
原來的地方

1 很髒或
很多油的
餐具
先用紙擦

2 泡在
水裏

3 用沾上
洗滌液的
海綿從側面
開始洗

4 一邊轉碗
一邊洗外側

5 泡在水裏
洗掉洗滌液

用手指
邊搓邊用清水
沖掉
洗滌液

擦拭

碗
一邊轉
一邊擦碗

碟（盤子）
一邊轉
一邊擦
先擦
碟上面

再擦背面

幫助做飯

幫忙做飯是件很愉快的事

阿，開始準備吧！

頭髮繫好

前面的頭髮不要擋住臉

挽起袖子

不舔手指

剪好指甲洗手

先上廁所

危險！

別人用刀切菜時絕對不能伸手過去

不能玩菜刀

菜刀的洗法

刀刃的部分向外順着刀刃的方向像撫摸似地清洗

菜刀

放刀的方法

擦掉水整齊地放入刀架

菜刀的拿法

用刀時不要東張西望不小心就會切到手很危險

咚咚

削 皮 的 方 法　先用餐刀練習

切 法

奇異果

切掉兩端

餐刀的拿法

從右向左切（用右手的人）

左手拿着奇異果手腕移動剝皮的地方

用拇指按住皮滑動

手指曲起指節頂住刀背按住菜切

危險！這樣會切到手指

滿壺開水或水剛燒開時千萬不要拿！

把手很熱戴手套拿

咚！

別往這兒伸手容易被蒸汽燙傷很危險

注意壺蓋不要掉了

在家裏不要亂跑

不能隨意將煤氣爐的火開大衣服或頭髮會被點燃

正在使用的高壓鍋絕對不能用手摸

鍋

啊，好燙……

熱鍋不要直接端到桌子上

抽屜

哎呀！

抽屜裏有可能弄傷手的刀具別亂翻

煤氣爐

砰！

不要玩火用火時必須和大人在一起

打雞蛋

1 乒乓！ 在硬東西或桌子上敲打出裂縫

2 叭！ 掰開蛋殼

3 倒出裏面的蛋白和蛋黃

分開蛋白和蛋黃

1 蛋黃留在掰開的蛋殼裏把蛋白倒入碗裏

2 把蛋黃倒到另一半蛋殼裏

3 蛋黃 反復倒換幾次就分開了 蛋白

電腦
遊戲機
CD

不要隨意把商品
從盒子裏拿出來
或撕掉包裝

不要隨意拿走

這是偷竊

不要隨意亂放商品
看完放回原處

BC

讓我先去！

付錢時按順序
從後面排隊
不要插隊

不要邊走邊吃
不觸摸商品

黏糊糊……

歡迎光臨

請！

不要用手捏招
貨架上的水果

蜜桃

戳一戳

不玩
不爬上手推車

嘎吱嘎吱……

不在扶手電梯上
跑來跑去
給別人帶來麻煩

SALE

不要坐在貨架上看
書店的書

不要拿出書裏
夾的東西

手不乾淨時不要拿書
不粗暴地對待商品

不長時間
站着閱讀書店的書

不要大聲喧譁
和追趕打鬧

喔

呀

等等

不隨意觸摸
和躺坐家具店的商品

椅子

坐扶手電梯時
不要逆向亂跑

拿得動的東西
自己拿

關好冰櫃門

雞蛋

注意不要
損壞商品

哎呀！

堆放的物品從上面
按順序拿

好疼！

SALE

BOOK

27

浴室裏的禮儀規範

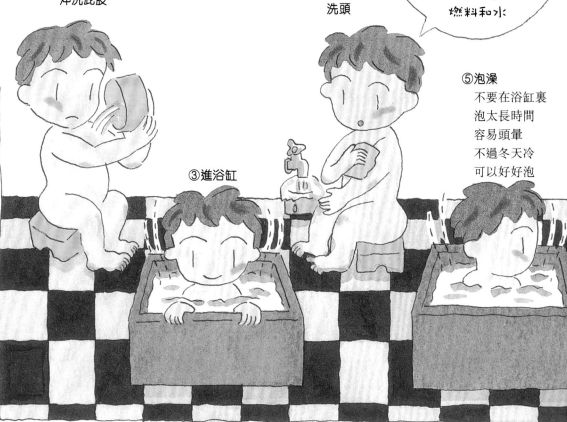

不要讓熱水
流個不停 嘩
嘩
嘩
不浪費
燃料和水

①脫衣服
　　脫下的髒衣服
　　放到洗衣筐裏
　　準備好換洗的內衣

②用溫水沖一下身體
　洗掉灰塵
　沖洗屁股

③進浴缸

④洗身體
　洗頭

⑤泡澡
　　不要在浴缸裏
　　泡太長時間
　　容易頭暈
　　不過冬天冷
　　可以好好泡

公共澡堂

把毛巾、洗髮護髮用品
放進臉盆
帶到公共澡堂

不要帶
貴重物品

梅 の 湯

男　　女

入口處
男女浴室是分開的

把鞋子
放進鞋櫃鎖好
拿上鑰匙
進浴室

把脫下來的
衣服放入
衣櫃或筐裏

付款處
在這裏付錢
這裏也賣毛巾和肥皂

→入口

衣筐放在
不影響別
人的地方

不要敞開
衣櫃門

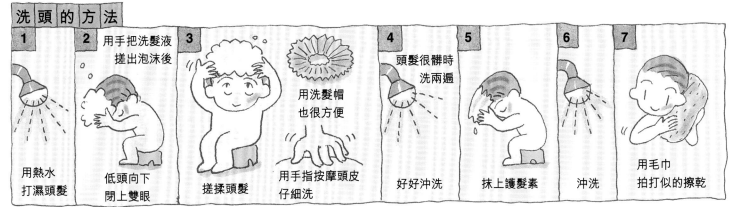

洗 頭 的 方 法

1	2	3	4	5	6	7
用熱水 打濕頭髮	用手把洗髮液 搓出泡沫後 低頭向下 閉上雙眼	搓揉頭髮 用洗髮帽 也很方便 用手指按摩頭皮 仔細洗	頭髮很髒時 洗兩遍 好好沖洗	抹上護髮素	沖洗	用毛巾 拍打似的擦乾

⑥撈出浴盆裏掉下
的頭髮
讓後來的人
乾淨舒服

⑦用乾淨的溫水淋浴
把身體洗乾淨
再出去

⑧出來後
在墊子上
把身體擦乾淨

不要弄濕地面，走出浴室前用浴巾把身體擦乾

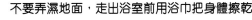

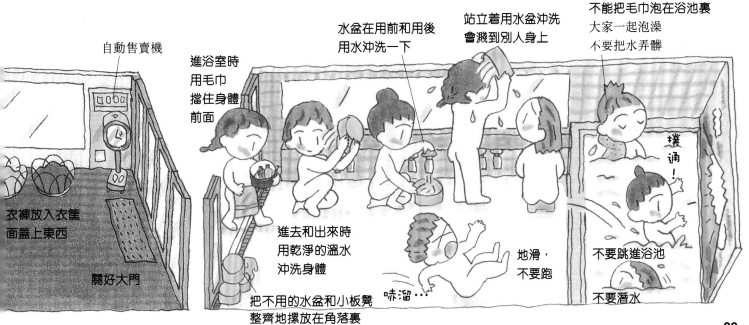

自動售賣機

衣褲放入衣筐
面蓋上東西

關好大門

進浴室時
用毛巾
擋住身體
前面

進去和出來時
用乾淨的溫水
沖洗身體

把不用的水盆和小板凳
整齊地擺放在角落裏

味溜…

水盆在用前和用後
用水沖洗一下

站立着用水盆沖洗
會濺到別人身上

地滑，
不要跑

不能把毛巾泡在浴池裏
大家一起泡澡
不要把水弄髒

撲通！

不要跳進浴池

不要潛水

29

廁所裏的禮儀規範

一起去阿

咚咚！

敲門確認
有沒有人

我不去

不要拿着
東西進去

別忘了
上鎖

用後蓋上
馬桶蓋

使用後不要弄髒
如弄髒了
自己擦乾淨

嘩啦

必須洗手

用後一定要沖水
但是不要浪費水
節約用水

廁所用拖鞋
要背着門放
為後面的人
提供方便

不要玩和浪費廁紙

在學校和公共廁所

不要
亂寫亂畫

使用後
必須沖廁

不要尿在外面

不隔門搭話
或往門裏張望

不要玩水

哎呀！

不用廁所手紙擦手
不要忘記
帶上手絹

啊！
忘了……

按排隊順序
廁所有空位後
前面的人先進去

急救處理

擦傷、切傷
如果傷口髒了，用清水沖洗
如有消毒藥水，先做傷口消毒

止血
清潔完傷口後
用紗布或手絹按住

把傷口高舉
過心臟
然後包上繃帶
去醫院

扎刺
用鑷子取出。如有空心錢幣
把空心對着傷口
容易取出

扎傷
拔掉釘子
擠出一點血
消毒後
用消毒紗布包住
如還疼痛
帶上釘子一起
去醫院

燙傷
首先用冷水沖洗
然後用毛巾等
冷敷，叫大人
來處理

然後用毛巾等冷敷，叫大人來處理

小刺
不好取出時
用藥水膠布 (OK 繃) 貼上
揭開就能黏下來

鼻血
用脫脂棉
做成球狀
塞入鼻孔
按住鼻孔上方
不用換棉球

自己不能處置時
馬上叫大人

不好啦，
太糟糕了！

腦貧血
把頭放在兩膝間
在通風好的地方
保持這個姿勢
待一會

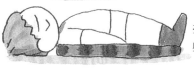

把頭放低
躺下也行！

《這個時候怎麼辦？① 日常生活》

　　峯村良子 繪著
　　唐亞明、崔穎 譯

繁體中文版 © 香港中文大學 2021
子どものマナー図鑑 ①ふだんの生活のマナー © 峯村良子

國際統一書號 (ISBN)：978-988-237-232-0

出版：香港中文大學出版社
　　　香港 新界 沙田・香港中文大學
　　　傳真：+852 2603 7355
　　　電郵：cup@cuhk.edu.hk
　　　網址：cup.cuhk.edu.hk

What Would You Do in This Situation? ① *Daily Manner* (in Chinese)

　　By Ryôko Minemura

　　Translated by Tang Yaming and Cui Ying

Traditional Chinese edition © The Chinese University of Hong Kong 2021

Kodomo no Manâ Zukan 1 - Fudan no Seikatsu no Manâ

Original Edition © 2000 by Ryôko Minemura

First published in Japan in 2000 by KAISEI-SHA Publishing Co. Ltd., Tokyo
Traditional Chinese translation rights arranged with KAISEI-SHA Publishing Co. Ltd.
through Japan Foreign-Rights Centre/Bardon-Chinese Media Agency

All Rights Reserved.

ISBN: 978-988-237-232-0

Published by The Chinese University of Hong Kong Press
　　　　　The Chinese University of Hong Kong
　　　　　Sha Tin, N.T., Hong Kong
　　　　　Fax: +852 2603 7355
　　　　　Email: cup@cuhk.edu.hk
　　　　　Website: cup.cuhk.edu.hk

Printed in Hong Kong